하루 한 곡, 은혜를 채우는

CCM 찬양 필사집

하루 한 곡, 은혜를 채우는

CCM 찬양 필사집

시작한 날

마친 날

찬양을 기록하는 이의 이름

하루 한 곡, 은혜를 채우는
CCM 찬양 필사집

내 영혼아 네가 어찌하여 낙심하며

어찌하여 내 속에서 불안해하는가 너는 하나님을 바라라

그가 나타나 도우심으로 말미암아 내 하나님을 여전히 찬송하리로다

시편 42편 11절

시작하며

하루가 다르게 변해가는 요즘 삶은 어느 때보다 더 편해졌지만, 우리의 내면은 오히려 더 공허해지고 메말라 갑니다. 말씀이 우리 삶의 주인이 되지 못할 때, 우리는 힘겨워합니다.

내 힘으로 안 될 때, 일어날 힘도 없을 때 나지막이 들려오는 찬양은 하나님과 나를 이어주는 길이자 축복의 통로가 되어줍니다. 무심코 듣던 찬양은 얼어붙은 마음을 조금씩 녹이며 나의 시선을 하나님께 고정시켜줍니다.

찬양은 곡조가 있는 기도로써 회복과 치유의 힘이 있습니다. 가물거리며 여기저기 흩어지던 찬양의 가사를 깊이 묵상하며 천천히 써 내려갈 때 비로소 나의 진실한 고백이 되어 돌아옵니다. 찬양 필사는 단순히 가사를 옮겨적는 것을 너머 주님과의 깊은 교제의 시간으로 우리를 인도해 줍니다.

찬양의 가사를 묵상하며 하루하루 힘겨운 삶 속에 해답을 찾고, 이전에 누렸던 은혜를 회복하기를 원하며 다윗의 고백이 오늘날 우리의 고백이 되기를 기도합니다.

건반DIARY

CCM 찬양 필사집
전곡 Piano Cover

건반DIARY
YouTube

CCM 찬양 필사집 사용법

1. 찬양의 가사를 마음에 새기며 필사해 보세요.

본 필사집에는 총 94곡의 찬양 가사가 9가지의 주제로 수록되어 있습니다. 한 글자씩 필사하는 과정을 통해 온전한 찬양의 시간을 보내고, 그 가사가 나의 고백이 될 수 있도록 기도하며 나아가길 바랍니다.

2. 하루를 찬양과 함께 열고, 마무리해 보세요.

"오늘의 묵상" 공간을 활용하여 찬양과 함께 떠오른 기도나 다짐을 적어보세요. 하루를 감사로 시작하고, 되돌아보며 마무리할 수 있습니다. 찬양과 함께하는 기록이 일상의 은혜를 발견하는 작은 습관이 되기를 바랍니다.

3. 피아노 커버 QR을 통해 더욱 깊이 집중해 보세요.

본 필사집에는 전곡 피아노 커버 음원이 준비되어 있습니다. 수록된 QR을 통해 찬양을 들으며 가사를 필사하고 묵상할 때, 평안과 은혜를 누리는 시간에 더욱 집중할 수 있을 것입니다.

목차

시작하며

CCM 찬양 필사집 사용법

Chapter. 1

Chapter. 2

Chapter. 8

임재

모든 열방 주 볼 때까지

왕 되신 주 앞에 나 나아갑니다

여호와의 유월절

주의 나라가 임할 때

나를 통하여

소원

삶의 예배

부르신 곳에서

삶으로

찬양과 경배

왕이신 나의 하나님이여 내가 주를 높이고

영원히 주의 이름을 송축하리이다

시편 145편 1절

임재

작사 조영준

하늘의 문을 여소서

이곳을 주목하소서

주를 향한 찬양이 꺼지지 않으니

하늘을 열고 보소서

이곳에 임재하소서

주님을 기다립니다

기도의 향기가 하늘에 닿으니

주여 임재하여 주소서

이곳에 오셔서 이곳에 앉으소서

이곳에서 드리는 예배를 받으소서

주님의 이름이 주님의 이름만이

오직 주의 이름만 이곳에 있습니다

오늘의
묵상

모든 열방 주 볼 때까지

작사 고형원

내 눈 주의 영광을 보네

우리 가운데 계신 주님

그 빛난 영광 온 하늘 덮고

그 찬송은 땅 가득해

내 눈 주의 영광을 보네

찬송 가운데 서신 주님

주님의 얼굴은 온 세상 향하네

권능의 팔을 드셨네

주의 영광 이곳에 가득해

우린 서네 주님과 함께

찬양하며 우리는 전진하리

모든 열방 주 볼 때까지

하늘 아버지 우릴 새롭게 하사

열방 중에서 주를 섬기게 하소서

모든 나라 일어나 찬송 부르며

영광의 주님을 보게 하소서

주의 영광 이곳에 가득해

우린 서네 주님과 함께

찬양하며 우리는 전진하리

모든 열방 주 볼 때까지

오늘의
묵상

왕 되신 주 앞에 나 나아갑니다

작사 Paul Baloche

햇살보다 밝게 빛나는 주의 영광

모든 어두움 물리치네

누구도 주 앞에 다가설 수 없네

주의 거룩한 보좌 앞에

오직 주의 보혈

주의 긍휼 의지하여 나아가리

왕 되신 주 앞에 나 경배합니다

주님만 찬양받기 합당하시니

큰 존귀와 영광 홀로 받으소서

오 주 앞에 나 나아갑니다

오 주님 내가 나아갑니다

주님 내가 나아갑니다

오늘의
묵상

여호와의 유월절

작사 조영준

지극히 높은 주님의

나 지성소로 들어갑니다

세상의 신을 벗고서

주 보좌 앞에 엎드리리

내 주를 향한 사랑과

그 신뢰가 사그러져 갈 때

하늘로부터 이곳에 장막이 덮이네

이곳을 덮으소서

이곳을 비추소서

내 안에 무너졌던

모든 소망 다 회복하리니

이곳을 지나소서

이곳을 만지소서

내 안에 죽어가는

모든 예배 다 살아나리라

오늘의
묵상

주의 나라가 임할 때

작사 심형진

주의 나라가 임할 때 하나님 임재하실 때

예배가 회복되며 기적은 일어나네

전능하신 주 영원하신 능력의 통치자

자유가 선포되어 주 백성 돌아오네

하나님 나라 임하소서

영광과 존귀 능력과 위엄

놀라운 사랑의 기적의 하나님

지금 이곳에 오소서

주 높고 위대하심을 크게 외쳐 선포하네

만왕의 왕 주 하나님 지금 오소서

오늘의
묵상

나를 통하여

작사 이권희

지금 서 있는 이곳에서

높임을 받으소서

내가 밟는 땅 주님의 땅이니

하늘이 주의 이름 높이 올리며

넓은 바다가 주를 노래해

모든 만물 주를 경배해

모든 입술 주를 찬양해

천지를 만드신 만물의 통치자

높임을 받으소서

내 평생에 주의 이름 높이며

어느 곳에서든지 주님을 예배하리라

내가 밟는 모든 땅

아버지의 영광이 선포돼야 하리

찬양하며 주님을 예배할 때

하늘 가득한 주의 영광 보리라

나를 통하여 나의 입술을 인하여

주의 이름 높임을 받으소서

오늘의
묵상

소원

작사 전은주

주님 내가 주의 장막을 사모합니다

오직 주의 임재를 갈망합니다

주의 집에서의 하루가

다른 곳의 천날보다 좋으니

주 사랑 안에 머물며 사랑 노래합니다

나의 평생에 단 한 가지 소원

주의 아름다우심 보며 사랑 노래하는 것

나의 왕 되신 주님의 얼굴 구하며

주 사랑 안에 머물러 사랑 노래합니다

오늘의
묵상

삶의 예배

작사 Isaiah 6tyOne

보여지는 예배 아닌

마음으로 드리는 예배

노래하는 찬양보다

삶으로 고백되는 예배

나를 위한 예배 아닌

주님 뜻을 향한 예배

내 맘과 정성 다하여서

주 앞에 드려지는 예배

주 앞에 엎드려 경배합니다

온전한 예배 내 맘의 예배

내 모든 것 받기 합당하신 분

주 앞에 엎드려 예배합니다

나의 모든 삶 나의 모든 뜻

말씀 앞에 순종하는 삶의 예배

드리기 원하네

오늘의
묵상

부르신 곳에서

작사 김준영

따스한 성령님 마음으로 보네

내몸을 감싸며 주어지는 평안함

만족함을 느끼네

사랑과 진리의 한줄기 빛보네

내몸을 감싸며 주어지는 평안함

그사랑을 느끼네

부르신 곳에서 나는 예배하네

어떤 상황에도 나는 예배하네

×2

내가 걸어갈때 길이되고

살아갈때 삶이 되는

그곳에서 예배하네

×2

부르신 곳에서 나는 예배하네

어떤 상황에도 나는 예배하네

×2

오늘의
묵상

삶으로

작사 장진숙

세상의 부와 세상의 명예
세상 자랑 모두 내려놓고

날 구한 십자가 날 씻긴 보혈
주의 은혜를 깊이 생각합니다

나의 나 된 것 내 모든 것
다 거저 받은 선물
내 삶을 은혜로 가득 채워주셨네

나의 나 된 것 내 모든 것
다 거저 받은 선물
내 삶을 주신 분께 다시 올려드리니

나는 삶으로 주님을 노래합니다
나를 통하여 주님만 높임 받으소서

나는 삶으로 주님을 예배합니다
나의 삶을 빛으로 사용하소서

오늘의
묵상

은혜 아니면

이 시간 너의 맘속에

천년이 두 번 지나도

주 은혜임을

은혜

하나님의 그늘 아래

나의 하나님

나를 향한 주의 사랑

그 사랑

아버지의 사랑으로

주의 사랑을 주의 선하심을

은혜와
사랑

사랑은 여기 있으니

우리가 하나님을 사랑한 것이 아니요 하나님이 우리를 사랑하사

우리 죄를 속하기 위하여 화목 제물로 그 아들을 보내셨음이라

요한일서 4장 10절

은혜 아니면

작사 조성은

어둠 속 헤매이던 내 영혼
갈 길 몰라 방황할 때에
주의 십자가 영광의 그 빛이
나를 향해 비추어주셨네

주홍빛보다 더 붉은 내 죄
그리스도의 피로 씻기어
완전한 사랑 주님의 은혜로
새 생명 주께 얻었네

은혜 아니면 나 서지 못하네
십자가의 그 사랑 능력 아니면
나 서지 못하네

은혜 아니면 나 서지 못하네
놀라운 사랑 그 은혜 아니면
나 서지 못하네

오늘의
묵상

은혜 아니면

나의 노력과 의지가 아닌
오직 주님의 그 뜻 안에서
의로운 자라 내게 말씀하셨네
완전하신 그 은혜로

은혜 아니면 나 서지 못하네
십자가의 그 사랑 능력 아니면
나 서지 못하네

은혜 아니면 나 서지 못하네
완전한 사랑 그 은혜 아니면
나 서지 못하네

은혜 아니면

이제 나 사는 것 아니요
오직 예수 내 안에 살아계시니
나의 능력 아닌 주의 능력으로
이제 주와 함께 살리라

오직 은혜로 나 살아가리라
십자가의 그 사랑 주의 능력으로
나는 서리라

주의 은혜로 나 살아가리라
십자가 사랑 그 능력으로 나 살리라
주 은혜로 나 살리라

이 시간 너의 맘속에

작사 김수지

이 시간 너의 맘속에

하나님 사랑이 가득하기를

진심으로 기도해 간절히 소망해

하나님 사랑 가득하기를

하나님은 너를 사랑해

얼마나 너를 사랑하시는지

너를 위해 저 별을 만들고

세상을 만들고 아들을 보냈네

오래전부터 널 위해 준비된

하나님의 크신 사랑

너의 가는 길

주의 사랑 가득하기를 축복해

오늘의
묵상

이 시간 너의 맘속에

힘든 일도 있겠지만

나 그때마다 늘 함께 할게

하나님 보이신 큰 사랑으로

나 또한 너를 사랑해

오래전부터 널 위해 준비된

하나님의 크신 사랑

너의 가는 길

주의 사랑 가득하기를 축복해

천년이 두 번 지나도

작사 조효성

천년이 두 번 지나도 변하지 않는 건

당신을 향한 하나님의 사랑이예요

천년이 두 번 지나도 바꿀 수 없는 건

당신을 향한 하나님의 마음이예요

당신의 삶을 통해 하나님 영광 받으시고

우리가 하나될 때 주님 나라 이뤄지죠

당신을 향한 하나님의 선하신 계획

우리의 섬김과 나눔으로

아름답게 열매 맺어요

하나님은 당신을 통해 그의 마음을

그의 사랑과 그의 용서를 나타내길 원해요

천년이 두 번 지나도 당신은

하나님의 사람이죠

천년이 가도 영원히

오늘의
묵상

주 은혜임을

작사 정선경

주 나의 모습 보네

상한 나의 맘 보시네

주 나의 눈물 아네

홀로 울던 맘 아시네

주 사랑 내게 있네

그 사랑이 날 채우네

주 은혜 내게 있네

그 은혜로 날 세우네

세상 소망 다 사라져 가도

주의 사랑은 끝이 없으니

살아가는 이 모든 순간이

주 은혜임을 나는 믿네

오늘의
묵상

은혜

작사 손경민

내가 누려왔던 모든 것들이
내가 지나왔던 모든 시간이
내가 걸어왔던 모든 순간이
당연한 것 아니라 은혜였소

아침 해가 뜨고 저녁의 노을
봄의 꽃향기와 가을의 열매
변하는 계절의 모든 순간이
당연한 것 아니라 은혜였소

모든 것이 은혜 은혜 은혜
한없는 은혜
내 삶에 당연한 건
하나도 없었던 것을
모든 것이 은혜 은혜였소

오늘의
묵상

은혜

내가 이 땅에 태어나 사는 것
어린아이 시절과 지금까지
숨을 쉬며 살며 꿈을 꾸는 삶
당연한 것 아니라 은혜였소

내가 하나님의 자녀로 살며
오늘 찬양하고 예배하는 삶
복음을 전할 수 있는 축복이
당연한 것 아니라 은혜였소

모든 것이 은혜 은혜 은혜
한없는 은혜
내 삶에 당연한 건
하나도 없었던 것을
모든 것이 은혜 은혜였소

하나님의 그늘 아래

작사 한성욱

하나님의 그늘 아래

내 모든 것 다 내려놓고

나 잠잠히 주를 묵상하네

그 놀라우신 은혜를

끝이 없는 주의 사랑

강물 되어 흘러 흘러

내 영혼에 자유함 주시네

날 새롭게 하시네

하나님 사랑 그 사랑

날 자유케 하네

하나님 사랑 그 사랑

날 회복케 하네

오늘의
묵상

나의 하나님

작사 박우정

나의 사랑

너는 어여쁘고 참 귀하다

어느 보석보다 귀하다

네가 사랑스럽지 않을 때

너를 온전히 사랑하고

너와 함께하려 내가 왔노라

주의 사랑

이 사랑은 결코 변치 않아

모든 계절 돌보시네

풀은 마르고 꽃은 시드나

주의 말씀은 신실해

실수가 없으신 주만 바라라

주님의 나라와 뜻이

나의 삶 속에 임하시며

주님 알기를 주만 보기를 소망해

거룩히 살아갈 힘과

두렴 없는 믿음 주실

나의 하나님 완전한 사랑 찬양해

오늘의
묵상

나의 하나님

찬양하리 만군의 주

영원히 함께 하시네

존귀하신 사랑의 왕

영원히 통치하시네

주님의 나라와 뜻이

나의 삶 속에 임하시며

주님 알기를 주만 보기를 소망해

거룩히 살아갈 힘과

두렴 없는 믿음 주실

나의 하나님 완전한 사랑 찬양해

나를 향한 주의 사랑

작사 Martin Smith

나를 향한 주의 사랑

산과 바다에 넘치니

내 마음 열 때 주님

나에게 참 자유 주셨네

늘 진리 속에 거하며

나의 손을 높이 들고

언제나 주님의 사랑을 노래하리

주의 사랑 노래하리라

영원토록 노래하리라

×2

내가 춤을 출 때 다 비웃겠지만

그들도 주 알게 되면

함께 기뻐 춤을 추게 되리

주의 사랑 노래하리라

영원토록 노래하리라

×2

오늘의
묵상

그 사랑

작사 박희정

아버지 사랑 내가 노래해

아버지 은혜 내가 노래해

그 사랑 변함없으신

거짓 없으신 성실하신 그 사랑

상한 갈대 꺾지 않으시는

꺼져가는 등불 끄지 않는

그 사랑 변함없으신 거짓 없으신

성실하신 그 사랑 사랑

그 사랑 날 위해 죽으신

날 위해 다시 사신

예수 그리스도 다시 오실 그 사랑

죽음도 생명도 천사도

하늘의 어떤 권세도 끊을 수 없는

영원한 그 사랑 예수

오늘의
묵상

아버지의 사랑으로

작사 송민선

하늘에 계신 아버지 그 크신 사랑은

가득 차고도 넘쳐 이곳에 흘러내리네

우리는 그 사랑을 받아 조심스레 이어가네

당신의 나라에 살아갈 이웃들을 위해

아버지의 사랑으로 이곳에서 사랑을 이어가네

어딘가에서 부딪히고 또 다른 곳에서 넘어져도

아버지의 사랑으로 우린 한 번 더 일어서네

하늘의 마음이 닿을 수 있도록

그 사랑이 이곳에 온전히 흘러가도록

오늘의
묵상

주의 사랑을 주의 선하심을

작사 Walt Harrah

주의 사랑을 주의 선하심을

주의 은혜를 생각해 보라

하늘보다도 더 높으신

아버지의 사랑 크고 놀랍네

아버지 사랑 크고 놀랍네

내 어찌 그 사랑 잊으리

내 어찌 주의 긍휼 잊으리

내 영혼의 모든 소원

만족시킨 하나님

나 길을 잃고 헤맬 때

그 사랑 날 찾아 내셨네

내 영혼의 모든 소원

만족시킨 하나님

주의 사랑을 주의 선하심을

주의 은혜를 생각해 보라

하늘보다도 더 높으신

아버지의 사랑 크고 놀랍네

아버지 사랑 크고 놀랍네

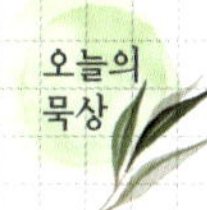
오늘의
묵상

거룩하신 하나님

믿음이 없이는

오직 믿음으로

믿음으로 살겠네

주신 믿음 안에서

믿음으로 서리라

감사해

그의 생각

행복

나는 주를 섬기는 것에 후회가 없습니다

날 구원하신 주 감사

Chapter. 3

믿음과 감사

믿음이 없이는 하나님을 기쁘시게 하지 못하나니

하나님께 나아가는 자는 반드시 그가 계신 것과 또한

그가 자기를 찾는 자들에게 상 주시는 이심을 믿어야 할지니라

히브리서 11장 6절

거룩하신 하나님

작사 Henry Smith

거룩하신 하나님 주께 감사드리세

날 위해 이 땅에 오신 독생자 예수

나의 맘과 뜻 다해 주를 사랑합니다

날 위해 이 땅에 오신 독생자 예수

내가 약할 때 강함 주고

가난할 때 우리를

부요케 하신 나의 주 감사

×2 감사

믿음이 없이는

작사 장진숙

주님 제 마음이 너무 둔해서

주님을 볼 수 없습니다

이 땅에 속하여 이 땅만 보다가

주님 손을 놓쳤습니다

나는 나그네로 왔는데

왜 주저앉게 되었나

나는 청지기인데 언제부터

내 삶의 주인이 되어 버렸나

믿음이 없이는 기쁘시게 못하나니

고된 수고도 다 헛될 뿐이라

믿음이 없어서

무너진 삶의 모든 자리에

다시 주님을 기다립니다

오늘의
묵상

오직 믿음으로

작사 고형원

세상 흔들리고 사람들은 변하여도
나는 주를 섬기리
주님의 사랑은 영원히 변하지 않네
나는 주를 신뢰해

오직 믿음으로 믿음으로 내가 살리라 ×2

믿음 흔들리고 사람들 주를 떠나도
나는 주를 섬기리
주님의 나라는 영원히 쇠하지 않네
나는 주를 신뢰해

오직 믿음으로 믿음으로 내가 살리라 ×2
오직 의인은 믿음으로 말미암아 살리라 ×2

믿음으로 살겠네

작사 손경민

오늘 하루 내게 일어날 일을
내 작은 지혜로 세상 그 누구도
다 알 수 없지만

나의 모든 길 주의 손에 있으니
무슨 일을 만나도 저녁이 되면
나는 찬양하리라

오늘 하루 힘겨울지라도
주께서 오늘도 나와 동행하니
오늘을 살리라

매일 숨 쉬는 순간 함께하시니
신실하신 하나님 그 분만 따라
나는 살아가리라

난 믿음으로 살겠네 ×3
오늘 하루 난 믿음으로 살겠네

난 소망으로 살겠네 ×3
오늘 하루 난 소망으로 살겠네

믿음으로 살겠네

오늘 하루 내가 만나는 이들
서로 사랑하라 말씀하셨으니
난 사랑하리라

먼저 날 사랑하신 예수님 사랑
어느 누굴 만나도 그 사랑으로
나는 사랑하리라

난 사랑하며 살겠네 ×3
오늘 하루 난 사랑하며 살겠네

난 찬양하며 살겠네 ×3
오늘 하루 난 찬양하며 살겠네

주신 믿음 안에서

작사 지한수

나보다 먼저 날 사랑하신

주님의 열심으로

십자가 사랑 구원의 주

내게 믿음 주셨네

나보다 먼저 날 사랑하신

주님의 헌신으로

부활의 능력 영원한 삶

내게 믿음 주셨네

나의 눈앞에 주님 볼 순 없어도

내 삶을 이끄시는 주를 믿네

주신 믿음 안에서 나는 예배하리

주신 믿음 안에서 담대히 찬양해

주신 믿음 안에서 예수를 닮게 하소서

주신 믿음 안에서 세상을 이기네

오늘의
묵상

믿음으로 서리라

작사 정선경, 황귀희

이곳에 임하신 하나님 나라

가난한 맘으로 바라보리라

먼저 그 나라 그 뜻 구하며

나의 삶 드리리

주님이 맡기신 하나님 나라

믿음의 눈으로 바라보리라

하늘의 뜻이 이 땅 가운데

완성될 그날까지

믿음 다하여 그 위에 서리라

하나님의 나라는 무너지지 않으리

믿음 다하여 그 나라 세워 가리라

주님 곧 오실 때까지

감사해

작사 Burgess, Daniel L.

감사해 시험이 닥쳐올 때에

주께서 인도하시니 두려움 없네

또 감사해 고통이 찾아올 때에

주께서 지켜주시니 승리하리라

나의 모든 생활 속에서 주님이 함께 하시니

주님의 성령 나를 인도하시리

시험이 나를 찾아올 때 주님 지켜 주시리

주님의 성령 나를 인도하시리

모두 감사해 절망 속에서 새힘을

새로운 용기 주시는 주님께 감사

또 감사드리세 우리 주님의 은혜로

받은 구원을 감사해 주님을 찬양해

오늘의
묵상

그의 생각

작사 조준모

하나님은 너를 만드신 분

너를 가장 많이 알고 계시며

하나님은 너를 만드신 분

너를 가장 깊이 이해하신단다

하나님은 너를 지키시는 분

너를 절대 포기하지 않으며

하나님은 너를 지키시는 분

너를 쉬지 않고 지켜보신단다

그의 생각 셀 수 없고

그의 자비 무궁하며

그의 성실 날마다 새롭고

그의 사랑 끝이 없단다

그의 생각

하나님은 너를 원하시는 분

이 세상 그 무엇 그 누구보다

하나님은 너를 원하시는 분

너와 같이 있고 싶어 하신단다

하나님은 너를 인도하는 분

광야에서도 폭풍 중에도

하나님은 너를 인도하는 분

푸른 초장으로 인도하신단다

그의 생각 셀 수 없고

그의 자비 무궁하며

그의 성실 날마다 새롭고

그의 사랑 끝이 없단다

행복

작사 손경민

화려하지 않아도 정결하게 사는 삶
가진 것이 적어도 감사하며 사는 삶
내게 주신 작은 힘 나눠주며 사는 삶
이것이 나의 삶의 행복이라오

눈물 날 일 많지만 기도할 수 있는 것
억울한 일 많으나 주를 위해 참는 것
비록 짧은 작은 삶 주 뜻대로 사는 것
이것이 나의 삶의 행복이라오

이것이 행복 행복이라오
세상은 알 수 없는 하나님 선물
이것이 행복 행복이라오
하나님의 자녀로 살아가는 것
이것이 행복이라오

오늘의
묵상

나는 주를 섬기는 것에 후회가 없습니다

작사 손경민

나의 평생에 가장 복된 일은

내가 예수님을 만난 것이라

나의 평생에 가장 잘한 일은

내가 예수님을 주로 섬긴 것이라

이 세상 살 동안 내가 걷는 길이

때론 험하여서 넘어질 때도

주의 강한 손이 나를 붙드시니

나는 예수님만 주로 섬기며 살리

나는 주를 섬기는 것에 후회가 없습니다

내가 걸어온 모든 시간 다 주의 은혜니

내가 걸어갈 모든 날도 주만 섬기며 살리

오직 예수 이름 부르며 살아가리라

이것이 나의 간증이요

이것이 나의 찬송일세

나 사는 동안 끊임없이

구주를 찬송 하리로다

오늘의
묵상

날 구원하신 주 감사

작사 August L storm

날 구원하신 주 감사 모든 것 주심 감사
지난 추억 인해 감사 주 내 곁에 계시네

향기론 봄철에 감사 외론 가을 날 감사
사라진 눈물도 감사 나의 영혼 평안해

응답하신 기도 감사 거절하신 것 감사
헤쳐 나온 풍랑 감사 모든 것 채우시네

아픔과 기쁨도 감사 절망 중 위로 감사
측량 못할 은혜 감사 크신 사랑 감사해

길가에 장미꽃 감사 장미꽃 가시도 감사
따스한 따스한 가정 희망 주신 것 감사

기쁨과 슬픔도 감사 하늘 평안을 감사
내일의 희망을 감사 영원토록 감사해

오늘의
묵상

원하고 바라고 기도 합니다

온 맘 다해

야베스의 기도

아버지 날 붙들어 주소서

주는 완전 합니다

하나님 아버지의 마음

내가 주인삼은

내 마음속 전부를

Love Never Fails

성령이 오셨네

Chapter. 4

고백과 간구

만일 우리가 우리 죄를 자백하면 그는 미쁘시고 의로우사

우리 죄를 사하시며 우리를 모든 불의에서 깨끗하게 하실 것이요

요한일서 1장 9절

원하고 바라고 기도 합니다

작사 민호기

이 세상을 살아가는 동안에

나의 힘을 의지할 수 없으니

기도하고 낙심하지 말 것은

주께서 참 소망이 되심이라

하나님의 꿈이 나의 비전이 되고

예수님의 성품이 나의 인격이 되고

성령님의 권능이 나의 능력이 되길

원하고 바라고 기도합니다

주의 길을 걸어가는 동안에

세상의 것 의지할 수 없으니

감사하고 낙심하지 말 것은

주께서 참 기쁨이 되심이라

하나님의 꿈이 나의 비전이 되고

예수님의 성품이 나의 인격이 되고

성령님의 권능이 나의 능력이 되길

원하고 바라고 기도합니다

오늘의
묵상

온 맘 다해

작사 Babbie Mason

주님과 함께 하는 이 고요한 시간

주님의 보좌 앞에 내 마음을 쏟네

모든 것 아시는 주님께 감출 것 없네

내 맘과 정성 다해 주 바라나이다

나 염려하잖아도 내 쓸 것 아시니

나 오직 주의 얼굴 구하게 하소서

다 이해할 수 없을 때라도 감사하며

날마다 순종하며 주 따르오리다

온 맘 다해 사랑합니다

온 맘 다해 주 알기 원하네

내 모든 삶 당신 것이니

주만 섬기리 온 맘 다해

오늘의
묵상

야베스의 기도

작사 설경욱

내가 엄마 품 속에서

고통 중에 태어났지만

나를 구원하신 하나님

날 택하시고 존귀케하셨네

내 평생에 여호와를 섬기며

그 말씀만 따라 살아가리

주의 집에 나 항상 거하리니

원컨대 주께서

나에게 복에 복을 더하사

나의 지경을 넓히시고

주의 손으로 나를 도우사

나로 환란을 벗어나

근심이 없게 하옵소서

야베스의 기도

내가 전심으로 여호와께 구하였더니

내 하나님께서 들으시고

내 간구하는 모든 것 허락하셨도다

원컨대 주께서

나에게 복에 복을 더하사

나의 지경을 넓히시고

주의 손으로 나를 도우사

나로 환란을 벗어나

근심이 없게 하옵소서

나의 구원 주님이여

아버지 날 붙들어 주소서

작사 Brian Doerksen

아버지 날 붙들어 주소서
주 품 안에 쉬게 하소서
아버지 날 깨닫게 하소서
주 언제나 나를 돌보심을

내 모든 걱정
주의 발 앞에 놓으리
주 거기 계셔
나의 모습 이대로
나를 사랑하시네

아버지 날 붙들어 주시리
나 주의 것 그분의 자녀
아버지 날 깨닫게 하시리
주 나를 붙드시니 두렴 없네

내 모든 염려
주의 발 앞에 놓으리
주 여기 계셔
나의 모습 이대로
나를 사랑하시네

주는 완전 합니다

작사 함은진

주여 우린 연약합니다
우린 오늘을 힘겨워합니다
주 뜻 이루며 살기엔 부족합니다
우린 우린 연약합니다

주여 우린 넘어집니다
오늘 하루 또 실수합니다
주의 긍휼을 구하는 죄인입니다
우린 주만 바라봅니다

한없는 주님의 은혜
온 세상 위에 넘칩니다
가릴 수 없는 주 영광
온 땅 위에 충만합니다

주님만이 길이오니
우린 그 길 따라갑니다
그날에 우릴 이루실
주는 완전합니다

오늘의
묵상

하나님 아버지의 마음

작사 박용주

아버지 당신의 마음이 있는 곳에
나의 마음이 있기를 원해요

아버지 당신의 눈물이 고인 곳에
나의 눈물이 고이길 원해요

아버지 당신이 바라보는 영혼에게
나의 두 눈이 향하길 원해요

아버지 당신이 울고 있는 어두운 땅에
나의 두발이 향하길 원해요

나의 마음이 아버지의 마음 알아
내 모든 뜻 아버지의 뜻이 될 수 있기를

나의 온몸이 아버지의 마음 알아
내 모든 삶 당신의 삶 되기를

오늘의
묵상

내가 주인삼은

작사 전승연

내가 주인 삼은 모든 것 내려놓고

내 주 되신 주 앞에 나가

내가 사랑했던 모든 것 내려놓고

주님만 사랑해

주 사랑 거친 풍랑에도

깊은 바다처럼 나를 잠잠케해

주 사랑 내 영혼의 반석

그 사랑 위에 서리

오늘의
묵상

내 마음속 전부를

작사 김민영

내 마음속 전부를 다 아시는 주님

나 당신께 숨길 것 하나 없네

주 보좌 앞에 나아가 다 아뢰니

모든 근심과 슬픔 사라지네

내가 어디에 있든 주 함께 하시니

내가 서있는 이곳 바로 천국

주 보좌 앞에 나아가 나 절하니

주의 은혜와 사랑 넘쳐나네

주 내 맘에 늘 계시고

나 주 안에 늘 거하니

이 놀라운 사랑

그 사랑 앞에 나 나아가

목소리 높여 찬양드리네

주 은혜 보좌 앞에

나 나아가 경배드리네

오늘의
묵상

Love Never Fails

작사 김준영

내 백성이 나를 떠나 돌아섰지만

내 사랑이 내 백성을 포기 못하니

내 모든 것 내어주고

나 그들을 얻으리라

여호와께 돌아가자

우린 돌아서도 그는 변치 않네

여호와께 돌아가자

우린 넘어져도 그 사랑 영원하네

사랑은 오래 참고 자신을 내어주네

서로 사랑할 때 세상은 주 보네

사랑은 절대 지지 않네

여호와께 돌아가자

우린 돌아서도 그는 변치 않네

여호와께 돌아가자

우린 넘어져도 그 사랑 영원하네

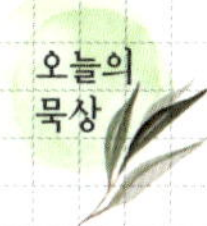

성령이 오셨네

작사 김도현

허무한 시절 지날 때

깊은 한 숨 내쉴 때

그런 풍경 보시며 탄식하는 분 있네

고아같이 너희를 버려두지 않으리

내가 너희와 영원히 함께 하리라

억눌린 자 갇힌 자

자유함이 없는 자

피난처가 되시는 성령님 계시네

주의 영이 계신 곳에 참 자유가 있다네

진리의 영이신 성령이 오셨네

성령이 오셨네 ×2

내 주의 보내신 성령이 오셨네

우리 인생 가운데 친히 찾아 오셔서

그나라 꿈꾸게 하시네

유월절 어린양의 피로

우리 모두 양과 같이

우리 때문에

예수 피를 힘입어

Born Again

주의 손에 나의 손을 포개고

그가 오신 이유

주는 나의

하나님 어린양

예수 하나님의 공의

오직 예수 다른 이름은 없네

Chapter. 5

속죄와 구원

모든 사람이 죄를 범하였으매 하나님의 영광에 이르지 못하더니

그리스도 예수 안에 있는 속량으로 말미암아

하나님의 은혜로 값없이 의롭다 하심을 얻은 자 되었느니라

로마서 3장 23-24절

유월절 어린양의 피로

작사 Martin J. Nystyom

유월절 어린 양의 피로
나의 삶의 문이 열렸네
저 어둠의 권세는 힘이 없네
주 보혈의 능력으로

원수가 날 정죄할 때도
난 의롭게 설 수 있네
난 더 이상 정죄함 없네
난 주 보혈 아래 있네

난 주 보혈 아래 있네
그 피로 내 죄 사했네
하나님의 긍휼
날 거룩케 하시었네

난 주 보혈 아래 있네
난 원수의 어떠한 공격에도
더 이상 넘어지지 않네
난 주 보혈 아래 있네

오늘의
묵상

우리 모두 양과 같이

작사 Don Moen

우리 모두 양과 같이

길을 잃고 제 갈 길로 걷네

범죄하여 주 영광을 잃어버렸네

주의 영광을 다시 보게 하소서

주의 임재 가운데 살게 하소서

오 주여 은혜와 자비 베푸소서

이 땅을 고치소서

우리 죄를 사하소서 주의 영광

다시 보게 하소서

멸시받고 거절당하신

죽임 당하신 어린양 예수

우리 고통 우리의 죄악 가져가셨네

아들 예수의 피로 정결케 하사

아버지 앞에 경배하게 하소서

오 주여 은혜와 자비 베푸소서

이 땅을 고치소서

우리 죄를 사하소서 주의 영광

다시 보게 하소서

우리 때문에
작사 David Meece

잊을 수없네 하나님의 사랑

날 살리시려고 주신 생명

내 십자가 지고 오르신 갈보리 언덕

날 향한 사랑 때문에

우리 때문에 생명 주셨고

우리 때문에 고통 당하셨네

우리 때문에 갈보리 오르셨네

무지한 우리 때문에

나는 보았네 피 묻은 십자가

날 구하시려고 흘린 사랑

나를 바라보시며 흘리신 용서의 눈물

날 향한 사랑 때문에

오늘의
묵상

우리 때문에

우리 때문에 생명 주셨고
우리 때문에 고통 당하셨네
우리 때문에 갈보리 오르셨네
무지한 우리 때문에

내가 살아야 할 이유 찾았네
나의 삶을 모두 주께 드리는 것
그가 날 위해 모든 것 주셨듯이
나의 삶을 주께 드리리 주 위해

바로 우리 때문에 십자가 지셨고
우리 때문에 죽음 당하셨네
우리 때문에 물과 피를 쏟으셨네
무지한 우리 때문에
나 같은 죄인 때문에

예수 피를 힘입어

작사 양재훈

주의 보좌로 나아갈 때에
어떻게 나가야 할까
나를 구원한 주의 십자가
그것을 믿으며 가네

주의 보좌로 나아갈 때에
나 여전히 부족하나
나를 품으신 주의 그 사랑
그것을 믿으며 가네

자격 없는 내 힘이 아닌
오직 예수님의 보혈로
자격 없는 내 힘이 아닌
오직 예수님의 보혈로

십자가의 보혈 완전하신 사랑
힘입어 나아갑니다
십자가의 보혈 완전하신 사랑
힘입어 예배합니다

Born Again

작사 김준영

주 안에서 내 영혼 다시 태어나
이전 것은 지나고 새롭게 됐네

죄로 물든 내 모습 예수와 함께 죽고
부활 생명 내 안에 새로운 삶이 열렸네

너희가 나를 택한 것이 아니요
내가 너희를 택하여 세웠나니

오직 내 안에 오직 내 속에
그리스도가 사네
오직 내 삶에 오직 내 맘에
그가 주인 되셨네

내 생명 그 안에 그의 생명 내 안에
나의 삶이 이전과 같을 수 없네

오직 내 안에 오직 내 속에
그리스도가 사네
오직 내 삶에 오직 내 맘에
그가 주인 되셨네

주의 손에 나의 손을 포개고

작사 주영광

주 보혈 날 정결케 하고

주 보혈 날 자유케 하니

주 앞에 나 예배하는 이 시간

나의 모든 것을 주께 드리네

주의 손 날 위해 찢기셨고

주의 발 날 위해 박히셨으니

이제는 내가 사는 것이 아니요

오직 주를 위해 사는 것이라

주의 손에 나의 손을 포개고

또 주의 발에 나의 발을 포개고

나 주와 함께 죽고

또 주와 함께 살리라

주 위해 살리라

그가 오신 이유

작사 김준영

이 세상 가장 아름다운
순종의 눈물
온 세상 다시 빛나게 한
생명의 눈물

그가 이 땅에 오신 이유
죽어야 살게 되고
져야만 승리하는
놀랍고 영원한 신비

지으신 그대로 회복시킨
우리의 창조주 그리스도
십자가의 길로 아버지 뜻 이루셨네
그가 이 땅에 오신 이유

이제 우리에게 맡겨진
그 소망 그 사랑 그 생명
아름답고 눈부신 십자가의 길
우리가 이 땅에 살아갈 이유

오늘의
묵상

주는 나의

작사 유상렬

하나님이시여 하나님이시여

주는 나의 하나님이시로다

나의 몸과 마음 주를 갈망하며

이제 내가 주께 고백하는 말

여호와는 나의 힘이요

여호와는 나의 구원이시니

내가 누구를 두려워 하리요

여호와는 생명의 피난처시니

주의 인자가 생명보다 나음으로

내 입술이 여호와를 찬양하리

내 평생에 주를 찬양하며

주의 이름으로 내손 들리라

하나님 어린양

작사 Chris Bowater

하나님 어린양

독생자 예수

날 위해 죽으신 주님

주 흘리신 그 보혈이

나의 죄를 정결케 하네

내 영을 고치시네

송축하리라 화목케 하신 주

나의 모든 죄 깨끗케 하셨네

송축하리라 귀하신 어린양

모두 절하고 모두 외치리라

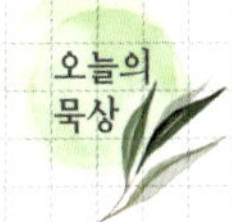
오늘의
묵상

예수 하나님의 공의

작사 Geoff Bullock

예수 하나님의 공의

주 독생자 그의 나라 임하시네

예수 제물이 되신 주

영광 중에 그의 나라 임하시네

예수 하나님의 사랑

주 은혜와 말씀으로 나타났네

예수 거룩한 하나님

영광 중에 그의 나라 임하시네

주의 나라 영원하며

그의 영광 무궁하리

왕의 위엄과 능력이

이제 임하였으니

주의 주권과 주의 통치와

주의 나라 힘과 권세 임하네

예수 하나님의 공의

오직 예수 다른 이름은 없네

작사 Robert Gay

오직 예수 다른 이름은 없네
주 이름만 우리에게 주셨네
오직 예수 다른 이름 없네
오 영광과 존귀 권세와 찬양
받으실 분 오직 주 예수

온 땅 위에 홀로 높으신 이름
하늘 위 높이 들리셨네
온 땅 위에 홀로 높으신 이름
영광과 존귀와 찬양드리세

오직 예수 다른 이름은 없네
주 이름만 우리에게 주셨네
오직 예수 다른 이름 없네
오 영광과 존귀 권세와 찬양
받으실 분 오직 주 예수

오늘의
묵상

Chapter. 6

치유와
회복

내 이름을 경외하는 너희에게는
공의로운 해가 떠올라서 치료하는 광선을 비추리니
너희가 나가서 외양간에서 나온 송아지 같이 뛰리라

말라기 4장 2절

광야를 지나며

작사 장진숙

왜 나를 깊은 어둠 속에 홀로 두시는지

어두운 밤은 왜 그리 길었는지

나를 고독하게 나를 낮아지게

세상 어디도 기댈 곳이 없게 하셨네

광야 광야에 서 있네

주님만 내 도움이 되시고

주님만 내 빛이 되시는

주님만 내 친구 되시는 광야

주님 손 놓고는 단 하루도 살 수 없는 곳

광야 광야

광야를 지나며

주께서 나를 사용하시려

나를 더 정결케 하시려

나를 택하여 보내신 그곳 광야

성령이 내 영을 다시 태어나게 하는 곳

광야 광야에 서 있네

내 자아가 산산이 깨지고

높아지려 했던 내 꿈도

주님 앞에 내어놓고

오직 주님 뜻만 이루어지기를

나를 통해 주님만 드러나시기를

광야를 지나며

예수 나의 치료자

작사 송재홍

예수 나의 좋은 치료자

그의 눈이 머무는 곳은 나의 슬픔과 고통

고갤 들어 그의 눈을 볼 때에 난 알았네

예수 나의 좋은 치료자

예수 나의 좋은 치료자

그의 손길이 닿는 곳은 나의 상처와 아픔

영원히 흐를 것 같았던 눈물 멎었네

예수 나의 치료자

나 노래하리라

천한 나를 돌아보신 구세주를 찬양해

하늘 닿는 곳까지 내 손 들리라

예수 나의 치료자

오늘의
묵상

Love Letter

작사 김지은

안심하라 내가 널 사랑한다

두려워 말아라 내가 다 알고 있다

외로워 말아라 내가 함께 한다

너의 생각보다 그보다 널 사랑한다

내가 널 얼마나 사랑하는지

나의 모든 것을 걸고 너를 만났고

너의 모든 순간을 너의 모든 맘을

가장 먼저 함께 할 거야

내가 널 얼마나 기다리는지

나의 모든 것을 걸고 너를 얻었고

너의 작은 신음도 작은 웃음에도

가장 먼저 널 찾을 거야

내 사랑아

예수 예수

작사 김도현

슬픈 마음 있는 자 몸과 영혼 병든 자
누구든지 부르시오 예수 이름 부르시오
그 이름을 믿는 자 그 이름을 부르는 자
그가 어떤 사람이든 그는 구원 얻으리

예수 예수 능력의 그 이름
예수 나 외쳐 부르네
×2 예수 그리스도

은과 금 내게 없으나 나 가진 것 너에게 주니
능력의 이름 예수라 그 이름을 붙드시오
그 이름을 믿는 자 그 이름을 외치는 자
그가 어떤 사람이든 그는 주의 영광 보리라

우리에게 주신 영광의 이름
나 어찌 잠잠하리 세상에 외쳐 부르리
나의 주 예수 그리스도

예수 예수 능력의 그 이름
예수 나 외쳐 부르네
×2 예수 그리스도

오늘의
묵상

주님의 시선

작사 박지영, 박혜진, 허다은

흐르는 시간이 한숨만 남기고

반복된 실패 속 지쳐갈 때

내 맘의 소망이 눈물 조각될 때

내 곁에 다가와 부르시네

주님의 시선 나를 비추시고

상처 난 내 맘 만지시네

말씀하시고 회복케 하시네

주의 사랑이 다시 살게 하시네

주를 봅니다 지금 이곳에서 ×4

주님의 시선 나를 비추시고

상처 난 내 맘 만지시네

말씀하시고 회복케 하시네

주의 사랑이 다시 살게 하시네

오늘의
묵상

공감하시네

작사 김강현

혼자서만 세상을 사는 듯이

주가 멀어 보이기만 할 때

우리는 바라보아야 하네

우리게 오셨던 그 주님을

주님이 우리의 아픈 맘을 아시네

가까이서 우리의 아픔에 공감하시네

우리 가운데 찾아오셨던 그 주님이

우리의 모든 상황에 공감하시네

오늘의
묵상

아무것도 두려워 말라

작사 현석주

아무것도 두려워 말라
주 나의 하나님이 지켜주시네
놀라지 마라 겁내지 마라
주님 나를 지켜주시네

내 맘이 힘에 겨워 지칠지라도
주님 나를 지켜주시네
세상의 험한 풍파 몰아칠때도
주님 나를 지켜주시네

주님은 나의 산성
주님은 나의 요새
주님은 나의 소망
나의 힘이 되신 여호와

옷자락에서 전해지는 사랑

작사 유상렬

오래전부터 날 누르는 내 안의 깊은 절망

아무 희망도 어떤 기대도 내겐 없는데

사람들의 외면과 날 거절하는 눈빛

아픈 상처로 짙은 어둠으로 깊이 빠져만 가는데

어디선가 내게 들리는 하나님 아들 주님 이야기

그분이라면 그의 옷자락이라도 내 마지막 소망이니

주님을 만났네 옷자락에서 전해지는 사랑

내게 임한 주님의 능력

날 누르는 아픔의 근원을 고치셨네

날 바라보시네 나의 연약함 주님은 아시네

깊은 절망에서 날 자유케 하신 사랑 나 찬양해

오늘의
묵상

아버지 품으로

작사 송상경

나 이제 돌아가리라
아버지 기다리시는 본향으로
나 이제 돌아가리라
아버지 안아주시는 본향으로

나 이제 돌아가리라
아버지 눈물 흘리신 그 품으로
나 이제 돌아가리라
아버지 변치 않으신 그 품으로

나의 어리석은 지난날을
이제 가슴 치며 회개하오니
나의 모든 죄를 용서하시고
그 사랑으로 감싸 주소서

나의 방황했던 지난날을
이제 눈물로서 회개하오니
나의 상한 마음 만져 주시고
그 사랑으로 감싸 주소서

오늘의
묵상

한나의 노래

작사 임선호

어제와 다른 괴롬과 슬픔

깊은 탄식에 기도할 수 없고

처연한 내 안의 속사람은

주를 보지만 말하지 못하네

나를 악한 자로 보지 않고

나의 원통함 그 마음을 아시니

오직 나의 주 내 주의 사랑이

나의 속사람을 고쳐 주시네

주의 사랑이 목마름 채우고

주의 위로가 눈물을 닦으니

주님의 은혜가 필요한 이 땅에서

이곳에서 주와 함께 노래하리라

오늘의
묵상

예수, 늘 함께 하시네

작사 소진영

고단한 인생길 힘겨운 오늘도

예수 내 마음 아시네

지나간 아픔도 마주할 세상도

예수 내 마음 아시네

하루를 살아도 기쁨으로 가리

예수 늘 함께 하시네

후회도 염려도 온전히 맡기리

예수 늘 함께 하시네

믿음의 눈 들어 주를 보리

이 또한 지나가리라

주어진 내 삶의 시간 속에

주의 뜻 알게 하소서

×2

나의 가는 길

나의 안에 거하라

오직 주만이

주의 자녀로 산다는 것은

내 모습 이대로

주 사랑이 날 숨쉬게 해

내 영혼은 안전 합니다

내 삶은 주의 것

보라 너희는 두려워 말고

하나님은 너를 지키시는 자

Chapter. 7

인도와
보호

여호와는 나의 목자시니 내게 부족함이 없으리로다

그가 나를 푸른 풀밭에 누이시며 쉴 만한 물 가로 인도 하시는도다

시편 23편 1-2절

나의 가는 길

작사 Don Moen

나의 가는 길 주님 인도하시네

그는 보이지 않아도 날 위해 일하시네

나의 인도자 항상 함께 하시네

매일 사랑과 힘 베푸시며

인도하시네 ×2

광야에 길을 만드시고 날 인도해

사막에 강 만드신 것 보라

하늘과 땅 변해도 그의 말씀 영원히

내 삶에 새 일 행하리

나의 가는 길 주님 인도하시네

그는 보이지 않아도 날 위해 일하시네

나의 인도자 항상 함께 하시네

매일 사랑과 힘 베푸시며

인도하시네 ×2

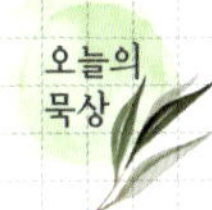

나의 안에 거하라

작사 류수영

나의 안에 거하라 나는 네 하나님이니
모든 환난 가운데 너를 지키는 자라

두려워하지 말라 내가 널 도와주리니
놀라지 말라 네 손잡아 주리라

내가 너를 지명하며 불렀나니
너는 내 것이라
내 것이라 너의 하나님이라

내가 너를 보배롭고 존귀하게 여기노라
너를 사랑하는 네 여호와라

오직 주만이

작사 이유정

나의 영혼이 잠잠히 하나님만 바람이여

나의 구원이 그에게서 나는도다

나의 영혼아 잠잠히 하나님만 바라라

나의 소망이 저에게서 나는도다

오직 주만이 나의 반석 나의 구원이시니

오직 주만이 나의 산성 내가 요동치 아니하리

나의 영혼이 간절히 여호와를 갈망하며

나의 입술이 여호와를 찬양하리

나의 영혼이 즐거이 여호와를 따르리니

나의 평생에 여호와를 송축하리

오직 주만이 나의 반석 나의 구원이시니

오직 주만이 나의 산성 내가 요동치 아니하리

나의 구원 나의 영광 하나님께 있으니

내 힘의 반석과 피난처 되시네

오직 주만이 나의 반석 나의 구원이시니

오직 주만이 나의 산성 내가 요동치 아니하리

주의 자녀로 산다는 것은

작사 이오늘

주의 자녀로 산다는 것은
불 가운데로 걸어가는 것
그 속에서 신실하게 날 지키시는
그 손길을 경험하는 것

주의 자녀로 산다는 것은
바다 위로 걸어가는 것
내 온몸을 덮쳐오는 폭풍 속에서
잠잠히 주 바라보는 것

주의 자녀로 산다는 것은
나도 그들을 용납하는 것
나를 위해 달리신 십자가 사랑
그 사랑으로 살아가는 것

주의 자녀로 산다는 것은
주님과 함께 동행하는 것
주께서 지신 십자가 기꺼이 지고
주와 함께 걸어가는 것

때론 불 가운데 휩싸일 때도
폭풍 가운데 무너질 때도
주님 내 곁에 함께 하시네
가장 가까이에 함께 하시네

오늘의
묵상

내 모습 이대로
작사 김지은

내 모습 이대로 사랑하시네

연약함 그대로 사랑하시네

나의 모든 발걸음 주가 아시나니

날 인도하소서

주의 날개 아래 거하는 것

주의 임재 안에 거하는 것

나의 가장 큰 소망

나의 가장 큰 은혜

주와 함께 동행하는 일

×2

오늘의
묵상

주 사랑이 날 숨쉬게 해

작사 정신호

주 사랑이 나를 숨 쉬게 해
세상 그 어떤 어려움 속에도
주 은혜로 나를 돌보시며
세상 끝날까지 지켜 주시네

주 사랑이 나를 이끄시네
내가 갈 수 없는 그곳으로
주의 사랑 나를 붙드시며
세상 끝날까지 인도하시네

주님만이 내 아픔 아시며
주님만이 내 맘 어루만지네
어느 누구도 나를 향하신
주님의 사랑을 끊을 수 없네

주님만이 내 능력이시며
주님만이 나의 구원이시네
어느 누구도 나를 향하신
주님의 사랑을 끊을 수 없네

내 영혼은 안전 합니다

작사 전은주

내 아버지 그 품 안에서

내 영혼은 안전합니다

주 손길로 내 삶을 안으시니

그 평강이 나를 덮습니다

나 비록 넘어지며 흔들리지만

주 내 안에 거하며 나를 붙드시니

내 생각을 주께로 돌리고

주시는 평강의 옷을 입습니다

주 약속 안에서 내 영혼 평안해

내 뜻보다 크신 주님의 계획 나 신뢰해

두려움 다 내려놓고 주님만 의지해

주 안에서 내 영혼 안전합니다

내 삶은 주의 것

작사 김명선

내 아버지 그 품 안에서
내 영혼은 안전합니다
주 손길로 내 삶을 안으시니
그 평강이 나를 덮습니다

나 비록 넘어지며 흔들리지만
주 내 안에 거하며 나를 붙드시니
내 생각을 주께로 돌리고
주시는 평강의 옷을 입습니다

주 약속 안에서 내 영혼 평안해
내 뜻보다 크신 주님의 계획 나 신뢰해
두려움 다 내려놓고 주님만 의지해
주 안에서 내 영혼 안전합니다

오늘의
묵상

보라 너희는 두려워 말고

작사 이연수

보라 너희는 두려워 말고

보라 너희를 인도한 나를

보라 너희는 지치지 말고

보라 너희를 구원한 나를

너희를 치던 적은 어디 있느냐

너희를 억누르던 원수는 어디 있느냐

보라 하나님 구원을

보라 하나님 능력을

너희를 위해서 싸우시는

주의 손을 보라

오늘의
묵상

하나님은 너를 지키시는 자

작사 정성실

하나님은 너를 지키시는 자
너의 우편에 그늘 되시니
낮의 해와 밤의 달도
너를 해치 못하리

하나님은 너를 지키시는 자
너의 환란을 면케하시니
그가 너를 도우시리라
너의 출입을 지키시리라

눈을 들어 산을 보아라
너의 도움 어디서 오나
천지 지으신 너를 만드신
여호와께로다

오늘의
묵상

오 나의 자비로운 주여

시편 8편

선하신 목자

사슴이 시냇물을

날마다 숨쉬는 순간마다

내 삶의 이유라

시간을 뚫고

주가 일하시네

사랑 중에 사랑

하나님의 열심

Chapter. 8

위로와
평안

두려워 말라 내가 너와 함께 함이라

놀라지 말라 나는 네 하나님이 됨이라

내가 너를 굳세게 하리라 참으로 너를 도와주리라

참으로 나의 의로운 오른손으로 너를 붙들리라

이사야 41장 10절

오 나의 자비로운 주여

작사 Jhon Wimber

오 나의 자비로운 주여

나의 몸과 영혼을

주님 은혜로 다 채워 주소서

이 세상 괴롬 걱정 근심

주여 받아 주시고

힘든 세상에서 인도하소서

예수 오 예수 지금 오셔서

예수 오 예수 채워 주소서

모여라 주께 찬양하라

나의 귀한 친구야

주 이름 앞에 너 두 손 모으고

오 너의 슬픔 세상 눈물

너의 쌓인 아픔을

십자가 앞에 너 모두 버리고

예수 오 예수 지금 오셔서

예수 오 예수 채워 주소서

시편 8편

작사 성경(개역 한글)

여호와 우리 주여 주의 이름이 온 땅에
어찌 그리 아름다운지요 ×2

주의 손가락으로 지으신 주의 하늘과
주의 베풀어두신 달과 별 내가 보오니

사람이 무엇이관대 주께서 저를 생각하시며
인자가 무엇이관대 저를 권고하시나이까

여호와 우리 주여 주의 이름이 온 땅에
어찌 그리 아름다운지요 ×2

선하신 목자

작사 Martin J. Nystrom

선하신 목자 날 사랑하는 분

주 인도하는 곳 따라가리

주의 말씀을 나 듣기 위하여

주 인도하는 곳 가려네

나를 푸른 초장과 쉴만한 물가로

내 선하신 목자 날 인도해

험한 산과 골짜기로 내가 다닐찌라도

내 선하신 목자 날 인도해

사슴이 시냇물을

작사 신상우

사슴이 시냇물을 찾기에 갈급함같이
내 영혼이 주님을 찾기에 갈급하나이다

내 영혼이 살아계신 하나님을 갈망하오니
내가 어느 때에 나아가 주님을 뵈올꼬

나를 비방하는 무리들이 나를 상하게 하고
나의 영혼 낙망하여 눈물 흘릴 때에

낮에는 인자함을 베푸시고
밤엔 찬송이 나에게 있어
나의 생명 되신 하나님께 내가 기도하니리

나의 영혼아 어찌 낙망하며 어찌 불안해하는고
너는 하나님만 하나님만 바라라

나의 영혼아 어찌 낙망하며 어찌 불안해 하는고
내 얼굴을 도우시는 주를 오히려 찬송하리라

오늘의
묵상

사슴이 시냇물을

하나님은 나의 피난처 나의 힘이시니
내가 환란 중에 만날 큰 도움이시라

나의 영혼아 어찌 낙망하며 어찌 불안해하는고
너는 하나님만 하나님만 바라라

나의 영혼아 어찌 낙망하며 어찌 불안해하는고
내 얼굴을 도우시는 주를 오히려 찬송하리라

날마다 숨쉬는 순간마다

작사 S.Berg

날마다 숨 쉬는 순간마다
내 앞에 어려운 일 보네
주님 앞에 이 몸을 맡길 때
슬픔 없네 두려움 없네

주님의 그 자비로운 손길
항상 좋은 것 주시도다
사랑스레 아픔과 기쁨을
수고와 평화와 안식을

날마다 주님 내 곁에 계셔
자비로 날 감싸주시네
주님 앞에 이 몸을 맡길 때
힘 주시네 위로함 주네

날마다 숨쉬는 순간마다

어린 나를 품에 안으시사
항상 평안함 주시도다
내가 살아 숨을 쉬는 동안
살피신다 약속하셨네

인생의 어려운 순간마다
주의 약속 생각해 보네
주님 속에 믿음 잃지 않고
말씀 속에 위로를 얻네

주님의 도우심 바라보며
모든 어려움 이기도다
흘러가는 순간순간마다
주님 약속 새겨봅니다

내 삶의 이유라

작사 이권희

예수는 내 힘이요

나의 기쁨 내 참 소망

그 이름의 생명이

내 삶의 이유라

내가 사나 죽으나

그 이름을 위하여

내 모든 것 다 드리니

나를 받으소서

오직 주만 따라갑니다

오직 주만 높임 받으소서

내 평생에 그 이름을

그의 선하심을

세상에 노래합니다

그 이름의 크신 능력

영원한 생명이 내 삶의 이유라

오늘의
묵상

시간을 뚫고

작사 김강현

당신은 시간을 뚫고 이 땅 가운데 오셨네
우리 없는 하늘 원치 않아 우리 삶에 오셨네

자신의 편안 버리고 우리게 평안 주셨네
가장 낮은 자의 모습으로 우리 삶에 오셨네

하나님 우리와 영원히 함께하시네
꿈 없는 우리게 그 나라 보여주시네

연약한 자들의 친구가 되어주시고
힘없는 우리의 인생을 위로하시네

예수 이곳에 우리와 함께 영원히

주가 일하시네

작사 이혁진

날이 저물어 갈 때

빈 들에서 걸을 때

그때가 하나님의 때

내 힘으로 안될 때

빈손으로 걸을 때

내가 고백해 여호와 이레

우리 모인 이곳에

주님 함께 계시네

누리네 아버지 은혜

적은 떡과 물고기

내 모든 걸 드릴 때

모두 고백해 여호와 이레

주가 일하시네 ×2

주께 아끼지 않는 자에게

주가 일하시네 ×2

신뢰하며 걷는 자에게

사랑 중에 사랑

작사 김강현, 박은총, 하민하

지쳐 포기하고 싶을 때
혼자 뒤쳐진 것만 같고
울 힘조차 없을 때

세상의 소리가 들리네
사랑받을 자격 없다고
너는 할 수 없다고

예수 사랑 중에 사랑
오늘 우리 가운데 오셔
우릴 안아주시네

하늘의 소리가 들리네
나의 사랑하는 자들아
일어나 함께 가자

오늘의
묵상

사랑 중에 사랑

예수 십자가

무덤 지나 승리하셨네

예수 영원한

나의 사랑 날 사랑하시네

사랑 두려운 것 없네

사랑 날 자유케 하네

그 사랑 지금 우리 가운데

예수 십자가

무덤 지나 승리하셨네

예수 영원한

나의 사랑 날 사랑하시네

하나님의 열심

작사 사공정

사랑하는 내 딸아
너의 작음도 내겐 귀하다
너와 함께 걸어가는
모든 시간이 내겐 힘이라

사랑하는 아들아
네 연약함도 내겐 큼이라
너로 인해 잃어버린
나의 양들이 돌아오리라

조금 느린 듯해도 기다려 주겠니
조금 더딘 듯해도 믿어줄 수 있니
네가 가는 그 길 절대 헛되지 않으니

나와 함께 가자
앞이 보이지 않아도 나아가 주겠니
이해되지 않아도 살아내 주겠니

너의 눈물의 기도 잊지 않고 있으니
나의 열심으로 이루리라

오늘의
묵상

하나님의 열심

하나뿐인 사랑아

네게 부탁이 있다

길 잃어 지친 영혼 돌아보라

나의 품으로 안기어라

조금 느린 듯해도 기다려 주겠니

조금 더딘 듯해도 믿어줄 수 있니

네가 가는 그 길 절대 헛되지 않으니

나와 함께 가자

앞이 보이지 않아도 나아가 주겠니

이해되지 않아도 살아내 주겠니

너의 눈물의 기도 잊지 않고 있으니

나의 열심으로 이루리라

네게 그 땅을 부탁한다

Chapter. 9

소망과 기대

여호와의 말씀이니라 내가 너희를 향한 나의 생각을 내가 아나니

평안이요 재앙이 아니니라 너희에게 미래와 희망을 주려하는 생각이라

예레미야 29장 11절

하늘소망

작사 민호기

나 지금은 비록 땅을 벗하며 살지라도

내 영혼 저 하늘을 디디며 사네

내 주님 계신 눈물없는 곳

저 하늘에 숨겨둔 내 소망 있네

보고픈 얼굴들 그리운 이름들 많이 생각나

때론 가슴 터지도록 기다려지는곳

내 아버지 넓은 품 날 맞으시는

저 하늘에 쌓아둔 내 소망 있네

주님 그 나라에 이를때까지 순례의 걸음

멈추지 않으며 어떤 시련이 와도

나 두렵지 않네 주와 함께 걷는 이 길에

오늘의
묵상

소원

작사 한웅재

삶의 작은 일에도 그 맘을 알기 원하네

그 길 그 좁은 길로 가기 원해

나의 작음을 알고 그분의 크심을 알며

소망 그 깊은 길로 가기 원하네

저 높이 솟은 산이 되기 보다

여기 오름직한 동산이 되길

내 가는 길만 비추기보다는

누군가의 길을 비춰준다면

내가 노래하듯이

또 내가 얘기하듯이 살길

난 그렇게 죽기 원하네

삶의 한 절이라도 그분을 닮기 원하네

사랑 그 높은 길로 가길 원하네

좁은 길로 가길 원하네

깊은 길로 가길 원하네

오늘의
묵상

선한 능력으로

작사 Dietrich Bonhoeffer

그 선한 힘에 고요히 감싸여
그 놀라운 평화를 누리며
나 그대들과 함께 걸어가네
나 그대들과 한 해를 여네

지나간 허물 어둠의 날들이
무겁게 내 영혼 짓눌러도
오 주여 우릴 외면치 마시고
약속의 구원을 이루소서

주께서 밝히신 작은 촛불이
어둠을 헤치고 타오르네
그 빛에 우리 모두 하나 되어
온누리에 비추게 하소서

이 고요함이 깊이 번져갈 때
저 가슴 벅찬 노래 들리네
다시 하나가 되게 이끄소서
당신의 빛이 빛나는 이 밤

그 선한 힘이 우릴 감싸시니
믿음으로 일어날 일 기대하네
주 언제나 우리와 함께 계셔
하루 또 하루가 늘 새로워

내 삶 드리리

작사 박은미

소망 없는 내 삶에 새 생명 허락하신
날 향한 주님의 은혜 놀라운 주님의 사랑

삶의 문제 힘겨워 눈물만 드릴 때도
날 안아 주시는 주님 한없는 주님의 사랑 나 찬양하네

나의 믿음 주께 드려 나의 삶이 주를 향해
내 유일한 사랑 되신 주께 내 삶 드리리

×2

오늘의
묵상

시선

작사 김명선

내게로 부터 눈을 들어

주를 보기 시작할 때

주의 일을 보겠네

내 작은 마음 돌이키사

하늘의 꿈꾸게 하네

주님을 볼 때

모든 시선을 주님께 드리고

살아계신 하나님을 느낄 때

내 삶은 주의 역사가 되고

하나님이 일하기 시작하네

오늘의
묵상

시선

성령이 나를 변화시켜
모든 두렴 사라질 때
주의 일을 보겠네

황폐한 땅 한가운데서
주님 마음 알게 되리
주님을 볼 때

모든 시선을 주님께 드리고
살아계신 하나님을 느낄 때
내 삶은 주의 역사가 되고
하나님이 일하기 시작하네

주님의 영광 임하네 주 볼 때

모든 시선을 주님께 드리고
살아계신 하나님을 느낄 때
내 삶은 주의 역사가 되고
하나님이 일하기 시작하네

주가 보이신 생명의 길

작사 박정은

주가 보이신 생명의 길 나 주님과 함께

상한 맘을 드리며 주님 앞에 나가리

나의 의로움이 되신 주 그 이름 예수

나의 길이 되신 이름 예수

나의 길 오직 그가 아시나니

나를 단련하신 후에

내가 정금같이 나아오리라

오늘의
묵상

다시 일어나

작사 박은총, 송민선

나는 내 마음에
복음이 흥했던 곳에서
다시 아버지를 만나고

주님 내 마음에
연약한 눈물의 끝에서
또 나를 반겨주시네

작다 생각했던 그의 부르심
다시 나를 회복케 하시네

다시 일어나 주를 예배함이
내 모든 기쁨이 되리

그의 기쁨 되어
삶의 모든 순간을
주께 다 내어드리리

주의 사랑으로

작사 김지은

주 반석 위에 날 세우시네

모래같이 부서진 나를

주 사랑으로 날 안으시네

고아같이 헤매던 나를

주 사랑으로 날 세우시네

나는 이전과 같지 않네

주 사랑으로 날 안으시네

더 이상 나 부족함 없네

꿈꾸지 못한 아름다움으로

모든 제한을 넘어

능력으로 초대하시네

주의 사랑으로 나 걸어가리라

이전보다 더욱 나 찬양하리라

주의 사랑 나를 새롭게 하시네

터져 나오는 나의 고백 주 사랑합니다

주만 바라볼찌라

작사 박성호

하나님의 사랑을 사모하는 자

하나님의 평안을 바라보는 자

너의 모든 것 창조하신 우리 주님이

너를 얼마나 사랑하시는지

하나님께 찬양과 경배하는 자

하나님의 선하심을 닮아가는 자

너의 모든 것 창조하신 우리 주님이

너를 자녀 삼으셨네

하나님 사랑의 눈으로

너를 어느 때나 바라보시고

하나님 인자한 귀로써

언제나 너에게 기울이시니

어두움에 밝은 빛을 비춰주시고

너의 작은 신음에도 응답하시니

너는 어느 곳에 있든지 주를 향하고

주만 바라 볼찌라

오늘의
묵상

푯대를 향하여

작사 조유진

내게 유익하던 것을 다 해로 여기네
구주를 위하여 모두 다 버리네
모든 것을 잃어버려도 나 아깝지 않음은
예수를 아는 지식이 가장 고상함이라

육체를 신뢰하지 않고 겸손한 마음으로
부활의 능력과 고난에 참여하며
그의 죽으심을 본받아 그리스도를 얻고
예수의 안에서 발견되려 함이라

오늘의
묵상

푯대를 향하여

푯대를 향하여 그리스도 예수 안에서
부름의 상을 위하여 달려가노라
이전에 있는 것은 모두 잊어버리고
앞에 계신 그리스도께로 달려가노라

율법에서 난 것이 아니요
오직 그리스도를 믿는 믿음으로 난 것이라

푯대를 향하여 그리스도 예수 안에서
부름의 상을 위하여 달려가노라
이전에 있는 것은 모두 잊어버리고
앞에 계신 그리스도께로 달려가노라

너는 두려워 말라 내가 너를 구속하였고

내가 너를 지명하여 불렀나니 너는 내 것이라

네가 물 가운데로 지날 때에 내가 너와 함께 할 것이라

강을 건널 때에 물이 너를 침몰하지 못할 것이며

네가 불 가운데로 지날 때에 타지도 아니할 것이요

불꽃이 너를 사르지도 못하리니

이사야 43장 1-2절

맺으며

혼자만의 조용한 시간, 찬양의 가사를 적어 내려가며 우리의 삶 전 영역에 함께 하시는 하나님의 손길을 더 깊고 세밀하게 느껴봅니다.

가사를 마주할 때 잠자던 영혼을 깨우시고, 너는 내 것이라 말씀하시며 우리의 존재 가치를 깨닫게 하십니다.

삶의 주인이신 하나님께 우리의 길을 전적으로 맡겨드리며 주의 자녀로써 진정한 행복을 경험하길 소원합니다.

추천의 글

이 아름답고 찬란한 봄에 건반 다이어리 필사집을 추천하게 되어서 기쁩니다. 그동안 많은 분들의 사랑을 받고 있는 "건반 DIARY"가 애청자들의 유익을 위해서 새로운 발걸음을 내딛게 되었기에 함께 기뻐하며 감사합니다.

봄이 오면 새움이 트고 꽃이 피어 창조주 하나님의 아름다움이 더욱 드러나듯이, 찬양곡의 필사라는 새로운 시도를 통해 그동안 귀로 듣기만 하던 찬양을 이제는 들으면서 손으로 직접 쓰게 되면 새로운 은혜가 임할 것입니다.

건반 다이어리 필사집을 통해서 찬양의 내용을 깊이 묵상하면 신앙 성장과 영적 성숙에 도움이 될 것입니다. 찬양곡의 필사를 통해서 마음이 평안해질뿐 아니라 직접 손으로 쓰면서 내용을 반복적으로 접하게 되므로, 단순한 듣기보다 기억에 오래 남고 이해가 깊어질 것입니다.

그리하여 "내가 주께 대하여 귀로 듣기만 하였사오나 이제는 눈으로 주를 뵈옵나이다"(욥 42:5)라고 고백했던 욥처럼 차원을 달리하는 은혜를 〈하루 한 곡, 은혜를 채우는 CCM 찬양 필사집〉을 통해 맛보기를 바랍니다.

정근두 목사 (울산교회 원로, 에스라성경대학원대학교 전 총장)

무심히 글씨를 그려 넣는 것도 한 취미가 되었습니다. 이는 만만치 않은 시절을 지나는 한 방법입니다. 잠시 멈추어, 우리가 노래로 기억하는 하나님과의 만남을 옮겨 그려 보려 합니다.

내가 기억하는 이상으로 나를 기억하시고, 때마다 나를 일으키신 그분의 손길을 떠올리며, 주님께서 가르치신 길을 내 가슴에 새겨 봅니다.

한자 한자 옮겨 적다 보면, 어느새 마음에 깊이 새겨지는 특별한 경험을 하게 될 것입니다.

나무엔 (찬양 사역자)

오늘날 우리는 그 어느 때보다 편리한 삶을 살아가고 있지만, 우리의 내면은 점점 더 공허해지고 있습니다. 빠르게 변하는 시대 속에서 바쁜 일상과 피로에 지쳐가며, 신앙의 자리에서도 때로는 하나님과의 거리가 멀어지는 것을 경험하기도 합니다. 그러나 하나님은 여전히 우리를 부르시며, 우리의 영혼을 회복시키기 원하십니다.

이 책은 우리가 잊고 지내던 찬양의 깊은 은혜를 다시금 발견하도록 도와줍니다. 단순히 찬양을 듣는 것을 넘어, 찬양의 가사를 직접 필사하며 묵상하는 과정은 하나님과의 더욱 친밀한 교제의 길을 열어줍니다. 찬양은 곡조가 있는 기도이며, 우리의 마음을 하나님께로 향하게 하는 축복의 통로입니다. 무심코 흘려들었던 찬양의 한 줄 한 줄을 써 내려갈 때, 그 가사 안에 담긴 신앙의 고백이 우리의 고백이 되고, 하나님과의 깊은 만남으로 이어집니다.

KOMCA 승인필

본 책에 수록된 노래 가사는 (사)한국음악저작권협회의 승인을 받았음을 밝힙니다.

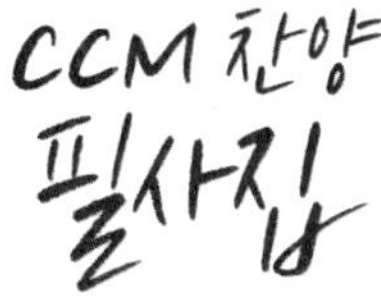

하루 한 곡, 은혜를 채우는

CCM 찬양 필사집

저자 건반DIARY

발행인 김두영

전무 김정열

콘텐츠기획개발부 오새봄

디자인기획개발부 정수진

제작 유정근

마케팅기획개발부 신찬, 송다은, 김지연

경영지원개발부 한재현, 김아영

발행일 2025년 4월 21일(1판 1쇄)

발행처 삼호ETM (http://www.samhomusic.com)

경기도 파주시 문발로 175

마케팅기획개발부   전화 1577-3588   팩스 (031) 955-3599

콘텐츠기획개발부   전화 (031) 955-3589   팩스 (031) 955-3598

등록 2009년 2월 12일 제 321-2009-00027호

ISBN 978-89-6721-564-4

본 도서는 한국크리스천음악저작자협회로부터 승인을 받았습니다

(202503010328-1827860-1830859)

특히, 본서는 기독교 음악과 필사를 결합한 새로운 신앙훈련 방식을 제안
하며, 이를 통해 독자들이 자신의 신앙을 더욱 깊이 돌아보도록 돕습니다.
다윗의 고백이 우리의 고백이 되고, 메마른 영혼이 다시금 은혜로 채워지는
경험을 하게 될 것입니다.

이 책을 통해 찬양의 능력을 새롭게 깨닫고, 그 안에서 위로와 회복을 경험
하는 모든 이들에게 깊은 영적 유익이 있기를 소망합니다. 이 책이 독자들의
삶에 찬양이 더욱 가까이 다가오도록 하는 소중한 도구가 되길 바라며, 진심
을 담아 추천합니다.

손재석 목사 (새이룸교회 담임, CTS기독교TV '부흥어게인' 진행자)